FACILITANDO MUDANÇAS
na prática

Série Soft Skills Tools

LOUIS BURLAMAQUI

FACILITANDO
MUDANÇAS
na prática

Um guia de bolso para ser mais efetivo com pessoas e negócios

MEROPE
editora

Copyright © Louis Burlamaqui, 2024
Copyright © Editora Merope, 2024

CAPA **Natalia Bae**
PROJETO GRÁFICO E DIAGRAMAÇÃO **Natalia Bae**
COPIDESQUE **Débora Dutra Vieira**
REVISÃO **Hebe Ester Lucas**
COORDENAÇÃO EDITORIAL **Opus Editorial**
DIREÇÃO EDITORIAL **Editora Merope**

Todos os direitos reservados.
Proibida a reprodução, no todo ou em parte, por quaisquer meios.

Dados Internacionais de Catalogação na Publicação (CIP)
(Câmara Brasileira do Livro, SP, Brasil)

Burlamaqui, Louis, 1968-
    Facilitando mudanças na prática : um guia de bolso para ser mais efetivo com pessoas e negócios / Louis Burlamaqui. -- 1. ed. -- Belo Horizonte, MG : Editora Merope, 2024. -- (Série Soft Skills Tools)

    ISBN 978-85-69729-33-4

    1. Administração de empresa 2. Comunicação organizacional 3. Comportamento organizacional - Administração 4. Cultura organizacional
    5. Mudança organizacional - Administração
    6. Mudança organizacional - Planejamento
    I. Título. II. Série.

24-208480   CDD-658.4063

Índices para catálogo sistemático:
1. Mudança organizacional : Administração de empresas 658.4063
Aline Graziele Benitez - Bibliotecária - CRB-1/3129

MEROPE EDITORA
Rua dos Guajajaras, 880, sala 808
30180-106 - Belo Horizonte – MG – Brasil
Fone/Fax: [55 31] 3222-8165
www.editoramerope.com.br

Sumário

Introdução 9

1. Por que ocorrem mudanças 11
2. O processo de mudança 18
3. O estado de congelamento 23
4. O estado de descongelamento 32
5. O estado de recongelamento 52
6. Conexão com o futuro 77

Introdução

Seja bem-vindo(a) ao mundo da aprendizagem! Sua decisão de ler este livro já demonstra a sua busca por se aprimorar na habilidade de lidar com mudanças, não é mesmo?

Mudanças são inevitáveis e sintetizam os movimentos da sociedade, podendo ser para melhor ou para pior. No entanto, é a forma como a pessoa lida com essas circunstâncias que pode fazer toda a diferença em sua carreira.

Este livro ajudará você a entender o que as mudanças representam e a se tornar uma pessoa facilitadora de processos consistentes e determinantes em todo tipo de ambiente, principalmente nas organizações.

Ao longo destas páginas quero lhe mostrar um caminho bem estruturado e testado para conduzir mudanças de modo suave, ou o menos desconfortável possível, para pessoas e equipes. No decorrer da vida, ajudei milhares de profissionais a encontrar formas de implementar mudanças com êxito.

É fácil? Não. Sabemos que mudanças são por vezes difíceis e nem sempre agradáveis, mas é possível atenuar insatisfações e engajar as pessoas para que possam fazer os movimentos de que o ambiente precisa.

As empresas não vão parar de mudar, portanto, gerenciar e facilitar mudanças passa a ser uma nova competência que fará toda a diferença no ambiente profissional.

Este livro foi pensado para lhe trazer várias possibilidades de crescimento e evolução em suas habilidades com pessoas.

Tenha sempre a mente aberta; não importa quanto sabe, mas quanto você quer aprender. Por isso o convido a simplesmente ampliar sua perspectiva sobre pessoas e mudanças!

Louis Burlamaqui

1. Por que ocorrem mudanças

Era uma noite estrelada e eu havia montado o telescópio no alto de nosso apartamento para ver a Lua. Após alguns ajustes, lá estava ela, cheia e linda, toda iluminada.

Chamei meu filho para ver a Lua exuberante. Ele jogava no computador e demorou um pouco para subir ao meu encontro. Quando chegou, encostou o olho no telescópio e afirmou que não via nada no céu. Perguntei se ele havia esbarrado no instrumento, pois telescópios são muito sensíveis. Ele respondeu com firmeza que tinha sido cuidadoso e não tocara em nada. Insisti um pouco mais, afirmando que havia deixado tudo pronto para ele observar. Isso gerou um pequeno conflito.

Em determinado momento, percebi minha evidente insensatez ao insistir que meu filho poderia ter esbarrado no telescópio, pois me dei conta de que tudo no Universo está em movimento. A Lua certamente não ficaria parada esperando meu filho chegar para observá-la.

O planeta em que vivemos faz parte de um sistema mais amplo, vivo e que está em constante movimento e expansão.

Em 1914, surgiu a ideia de que o Universo se expandia, ainda que, para alguns, isso fosse um absurdo. O astrônomo norte-americano Vesto Slipher demonstrou o desvio da luz emitida pelas galáxias para o vermelho (no espectro visível, o vermelho possui o maior comprimento de onda), como se elas estivessem se afastando de nós por causa do efeito Doppler.

Nas duas últimas décadas, tem sido amplamente aceita essa noção de que o Universo está se expandindo em ritmo acelerado, impulsionado por uma força invisível conhecida como energia escura. Presume-se até que o Universo deva se expandir em cerca de 67,36 quilômetros por segundo por megaparsec (um megaparsec é igual a 3,26 milhões de anos-luz).

Podemos perceber, então, que nada está parado no cosmos, inclusive o nosso planeta, que se encontra em rotação contínua. Tudo na face da Terra está em movimento. O vento, a terra, as águas e o fogo transformam o espaço no seu devido tempo.

Quando pensamos em mudança, devemos entender que nossa realidade se modifica porque tudo está em movimento graças à expansão do Universo. Se observarmos cuidadosamente a nossa vida, notaremos que tudo muda o tempo todo.

A aceleração das interações influenciada pelas interconexões tecnológicas – permitidas pela inteligência artificial e outras inteligências que se aproximam – proporciona um volume de ideias que explode em soluções úteis para o nosso cotidiano.

Essas soluções, ou mesmo novos problemas, são os impulsionadores contínuos da sociedade.

A natureza da mudança e da transformação

Podemos definir mudança como "a ação de tornar um procedimento individual ou coletivo, um contexto imediato ou o curso futuro de alguma situação, em algo diferente do que existe".

Originalmente, o termo mudança vem do verbo latino *cambiare*, que significa "trocar, substituir uma coisa por outra".

A natureza da mudança é transformacional, mutante, um movimento que leva a uma nova configuração.

No entanto, ainda que afins, há uma diferença sutil entre as ideias de mudar e transformar:

- mudança é o ato ou efeito de mudar, de dispor de outro modo;
- transformação é o ato ou efeito de fazer mudar de forma, de transmutar uma coisa em outra. É qualquer alteração no estado de um sistema.

É a transformação que nos permite viver, pensar e nos expressar de novas maneiras. Sem a transformação, não evoluímos nem nos adaptamos.

A transformação se dá em tudo a nossa volta. A digestão dos alimentos, o amadurecimento das frutas, o envelhecimento do nosso corpo, o congelamento e o degelo dos glaciares, o cozimento dos alimentos, o apodrecimento de uma carne, a mudança de estações e seus efeitos na natureza, a oxidação do ferro, a queima de um papel. Esses são apenas alguns exemplos das muitas transformações da matéria que ocorrem o tempo todo.

Logo, é importante tomar consciência de que transformações e mudanças fazem parte de um processo vivo e aberto do nosso plano físico e da nossa realidade. Nós somos seres mutantes em ambientes mutantes.

Atividade

Você consegue perceber as mudanças que vêm mexendo com a sua vida?

_____

As grandes mudanças que modificaram a forma de ser e viver da humanidade

Ao longo da história, a humanidade presenciou mudanças que impactaram profundamente o cotidiano das pessoas e moldaram a forma como vivemos hoje. Vejamos algumas delas.

- Desenvolvimento da agricultura: a mudança no modo de vida, de caçador para agricultor, levou à fixação do ser humano no solo e ao estabelecimento de comunidades mais complexas.
- Descobrimento de novos continentes: entre os séculos 15 e 17, os europeus exploraram o mundo e descobriram novos continentes, criando rotas comerciais globais.

- Revolução Industrial: a partir da invenção da máquina a vapor, o expressivo aumento da produção transformou completamente a forma de viver e trabalhar.
- Era da Informação: a tecnologia da informação e o surgimento da internet na segunda metade do século 20 transformaram a maneira como as pessoas se comunicam, trabalham e se informam.
- Avanços médicos e científicos: descobertas na medicina, como vacinas e antibióticos, aumentaram significativamente a expectativa de vida. Além disso, avanços na física e na biologia mudaram nossa compreensão do Universo e da própria existência.
- Direitos civis e movimentos de igualdade: as lutas pelos direitos da população negra, das mulheres e das comunidades LGBTQIA+ tiveram um impacto profundo na sociedade.

Essas são apenas algumas das grandes mudanças na história da humanidade, e muitas outras contribuíram para moldar o mundo como o conhecemos hoje.

De igual forma, seres humanos também passam por mudanças pessoais que impactam profundamente sua forma de ser e viver. Vamos a algumas delas.
- Casamento
- Divórcio
- Saída dos filhos da casa dos pais
- Mudança de cidade
- Nascimento de filhos

- Perdas sentimentais
- Problemas físicos
- Perda de emprego
- Doenças

▶ Causas das mudanças

Nenhuma mudança ocorre por acaso. Há uma relação de causa e efeito. Ao analisarmos a natureza causal de uma mudança, podemos enfocar três fatores cruciais:

- Crises: crise de idade, crise de casamento, fim do ciclo de vida de um produto ou serviço, conflitos societários, problemas de gestão, estratégias equivocadas, perda de margens de lucro, prejuízos etc. Toda crise leva as pessoas a se movimentar, a refletir, analisar e agir. Portanto, crises provocam mudanças.
- Evolução: quando mercados se desenvolvem, processos se aprimoram continuamente, novos hábitos de consumo aparecem e planos de crescimento são estabelecidos, surge a necessidade de mudança.
- Visão: quando uma pessoa enxerga uma oportunidade de inovar para melhorar a realidade, ela se sente estimulada a querer fazer mudanças.

Portanto, independentemente de você ser uma pessoa mais ativa ou mais passiva em relação à vida, em algum momento a mudança baterá à sua porta.

Atividade

Tente lembrar e registre alguma mudança que ocorreu em sua vida por uma ou mais destas três causas:

Crise: _____

Evolução: _____

Visão: _____

2. O processo de mudança

Quando falamos de mudança e queremos fazê-la acontecer, é necessário trazer uma perspectiva de processo. Os resultados mais exitosos de mudança ocorrem quando o assunto é tratado de forma sistemática, com uma sequência de procedimentos que faça a análise e a ação serem efetivos.

A eficácia da gestão de mudanças nas organizações depende fundamentalmente de sua implementação como um processo estruturado e gradual, pois isso permite uma adaptação mais eficiente, minimiza a resistência e maximiza a aceitação e o engajamento dos envolvidos.

Mudanças abruptas podem ser desorientadoras e até paralisantes para os funcionários. Um processo estruturado permite que as pessoas se adaptem gradualmente à nova realidade. Isso é essencial para garantir que todos estejam alinhados e preparados para os novos métodos, práticas ou objetivos organizacionais.

A resistência a mudanças é uma reação natural, especialmente se tais mudanças forem impostas sem a apresentação de um processo claro ou uma justificativa aceitável. Um processo bem planejado e bem comunicado pode reduzir a incerteza e a ansiedade, diminuindo assim a resistência de funcionários e outras partes interessadas.

Neste livro, seguiremos um modelo fundamentado na teoria de Kurt Lewin. Esse processo foi testado na formação de agentes de mudança em diversas organizações e atingiu resultados efetivos, ou seja, os projetos foram implantados e as resistências, vencidas.

Vamos primeiro conhecer a diferença entre instalação e implementação. Esse entendimento trará uma perspectiva importante sobre efetividade.

Suponha que você tenha uma empresa onde enfrenta uma situação de furto contínuo e decide mudar a forma de lidar com o problema. Para isso você compra diversas câmeras e as instala nos recintos. Seu objetivo é fiscalizar e mudar a situação. No entanto, nada muda porque você somente "instalou" as câmeras. Depois de um tempo, você percebe a necessidade de guardar as imagens e destaca uma pessoa para analisá-las. A partir daí consegue identificar pessoas e tomar providências. É nesse momento, então, que você passa a "implementar" uma nova forma de lidar com a questão.

Essa é a diferença entre instalar e implementar mudanças.

Muitas mudanças não se consolidam porque foram "instaladas" e não "implementadas". A implementação requer mais profundidade, gestão e fixação.

A instalação pode ser, ocasionalmente, apressada, descuidada, meramente intuitiva, incoerente e sem estratégia. A implementação, por sua vez, exige necessariamente tempo, estudo, lastros hierárquicos, recursos otimizados e vontade autêntica.

Quando falamos em processo de mudança, é preciso ter em mente que ele está dividido em três fases sequenciais que denominamos "estados", que são os estágios nos quais as pessoas se encontram em relação a determinado contexto.

Os estados mencionados a seguir representam uma metáfora organizacional e comportamental. Imagine que em uma fôrma de gelo haja pedras em formato de cubo e você queira que elas fiquem na forma de triângulo. Você terá que descongelar o conteúdo da fôrma e liquidificá-lo sem perder a quantidade de água. Precisará de um novo recipiente, com buracos em triângulo, e recolherá a água que, uma vez despejada na fôrma, deverá ser levada ao congelador para dar um novo formato às pedras de gelo.

O processo de mudança se dá, então, desta forma:

congelamento → **descongelamento** → **recongelamento**

Os três estágios ou estados desse processo refletem a forma como enxergamos as pessoas. Em nosso modelo de mudança, o enfoque coloca o ser humano no centro de tudo.

A primeira fase, "congelamento", representa a postura de muitas pessoas em relação a uma mudança, quando ficam apegadas a seus modelos e formas de pensar e agir.

A segunda fase trata de como podemos "descongelar" o modo de pensar e de agir das pessoas, abrindo-as para novas possibilidades.

Por fim, "o recongelamento" envolve a capacidade de implementar ou fixar a mudança de forma consistente.

Quando a mudança é implementada como um processo, com etapas claramente definidas e *feedback* contínuo, os funcionários tendem a se sentir mais envolvidos. Eles compreendem melhor o propósito da mudança e seu papel para que a iniciativa tenha sucesso, aumentando assim seu comprometimento e engajamento.

Um processo permite ajustes e refinamentos conforme a ideia é implementada. Isso é crucial para garantir que a mudança seja não apenas eficaz no curto prazo, mas também sustentável no longo prazo. Ajustes contínuos asseguram que a mudança se alinhe às necessidades de evolução da organização e de seu ambiente interno.

Atividade

Procure se lembrar de uma situação em que você ou um colega estava "congelado" em uma ideia, reconsiderou-a e mudou de opinião. Descreva o processo:

Ideia (congelamento)

___

Por que mudou? (descongelamento)

___

Nova ideia (recongelamento)

___

3. O estado de congelamento

O que leva as pessoas a se acomodar e não querer mudanças?

O objetivo desta fase é desenvolver empatia e ampla capacidade de compreender as pessoas e seu posicionamento em relação a uma necessidade de mudança. Não há como seguir em frente e mudar sem uma estreita análise das motivações e resistências que emergem quando uma mudança se faz necessária.

A empatia, definida como a habilidade de entender e compartilhar os sentimentos do outro, desempenha um papel crítico no ambiente de trabalho. Durante períodos de mudança, as emoções e preocupações dos funcionários podem variar significativamente. Líderes e gerentes empáticos são capazes de reconhecer essas situações e lidar com elas, facilitando um processo de mudança mais suave e eficaz.

Uma comunicação eficaz é fundamental durante a gestão de mudanças. Líderes empáticos usam suas habilidades para entender as preocupações dos funcionários e explicar uma mudança de tal forma que ela ecoe em suas equipes. Por exemplo, em um processo de reestruturação de uma empresa, o líder empático esclarecerá não apenas *o que* será mudado e *como* isso será feito, mas também *por que*, sem nunca deixar de reconhecer o impacto que a mudança causará na vida dos colaboradores.

Tendemos a achar que o fato de conhecermos bem determinada realidade e termos uma visão futura sobre ela dará condições ao outro de também entendê-la e projetá-la. Bem, não é exatamente isso que ocorre na prática.

No geral, seres humanos não gostam de mudanças, e nada mais distante da realidade do que assumir que as pessoas terão boa vontade ou se esforçarão para entrar no mundo do outro e adotar as mudanças propostas.

Entenda como natural e esperada uma reação negativa diante de uma proposição de mudança. Ao se preparar mentalmente para a postura de resistência do outro, você administra melhor a própria reação, evitando um conflito.

Vamos entender algumas razões pelas quais as pessoas resistem a mudanças.

- **Perda de controle:** geralmente, as pessoas sentem que perderão o controle de suas decisões quando mudanças estão sendo implementadas sem que suas ideias tenham sido levadas em consideração.
- **Excesso de incertezas:** ainda que o projeto seja muito bem estruturado, se as pessoas se sentirem "no escuro", rejeitarão qualquer tipo de mudança.

- **Elemento-surpresa:** pessoas precisam de tempo para se acostumar com a ideia de mudança. Criar um plano em segredo e impor decisões pode gerar resistência.
- **Efeito dominó:** a mudança gera ondas que se expandem pela organização e alcançam áreas e departamentos que, a princípio, não seriam diretamente impactados.
- **Ressentimentos:** alguns antigos ressentimentos ficam latentes até que surja a necessidade de cooperação para que algo novo se estabeleça. Nesse momento, feridas são reabertas, desavenças são relembradas.

Uma boa forma de perceber resistências é atentar para os comentários. Grave bem, as pessoas se revelam pelo que sai da boca delas.

Observe alguns comentários comuns que mostram má vontade ou desconforto com uma mudança:
- O Conselho sabe disso?
- É muito difícil!
- Nós não temos tempo para isso!
- Essa ideia não funciona!
- Tentamos em 2015 e não deu certo!

Prestar atenção aos comentários facilita a sua tarefa de identificar os pontos em que existe algum nível de resistência ou dificuldade.

Em regra, as pessoas revelam sua opinião quando se sentem à vontade para fazê-lo. Portanto, paciência e solicitude criam espaço para que todos falem o que pensam.

Entenda que as pessoas têm suas razões para assumir certas posturas, e isso é natural. Nesse momento, não se deve julgá-las, mas compreendê-las. Elas tomam certas atitudes por diversos motivos:

- estão muito apegadas a algo em que acreditam;
- têm um passado construído;
- sentem-se confortáveis com seu modo de pensar;
- gostam de se sentir no controle;
- não gostam de mudanças;
- acham que mudar dá trabalho.

Quando identificar resistências, seu papel será muito simples: investigue a causa ou as causas desse comportamento.

Faça perguntas como:

- Qual é sua história até aqui?
- Que problemas enfrentou?
- Por que acha que as coisas funcionam e não deveriam ser modificadas?
- Como vê essa mudança?
- Como quer ser visto pelos colegas e pela gerência?
- Quanto essa mudança custará para você?
- Como se sente hoje?
- De que você não abre mão? Por quê?

- Tem receio de perder autonomia e poder? Por quê?
- De que se orgulha?

Ao escutar e entender as pessoas, você passa a conhecer melhor o terreno em que está pisando e qual o nível de esforço que terá de despender para fazer a mudança objetivada.

Para organizar as informações, usamos uma ferramenta que chamamos "mapa da compreensão".

O mapa é uma forma de esclarecer e ordenar os dados obtidos para, então, localizar e determinar os processos e fluxos relacionais que podem ajudar ou atrapalhar a realização do trabalho.

Para construir o mapa, você deve levantar as seguintes perguntas:

1. Quem apoia? (As pessoas que são favoráveis à mudança.)
2. Quem não apoia? (As pessoas que vão resistir ou trabalhar contra a mudança.)
3. Como é a rede de influências? (As pessoas que exercem influência sobre as demais.)
4. Como são a rede e a estrutura de poder? (Como funciona a rede de poder formal e informal.)
5. O que as pessoas pensam? (Entender claramente a opinião dos envolvidos sobre a mudança.)
6. Por que elas pensam assim? (Descobrir e compreender os motivos pelos quais as pessoas adotam determinada postura.)

7. Quais são os argumentos? (Descobrir como as pessoas fundamentam suas posições.)
8. Como se configura a rede de relações, influência e poder? (Detectar quem está "congelado" e quem está "descongelado".)
9. Qual é a lógica do pensamento? (Compreender a lógica de resistência e de adesão à mudança.)

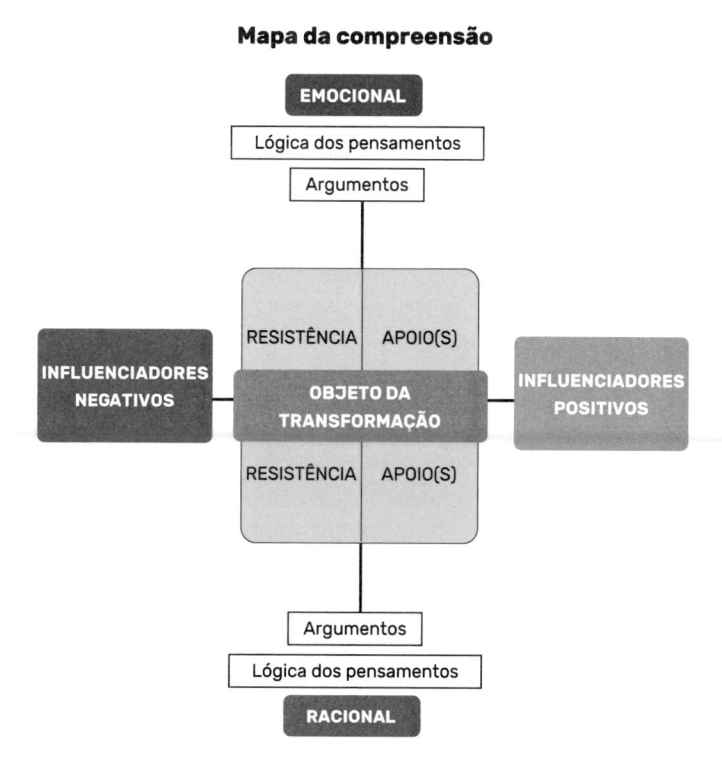

Mapa da compreensão

```
                    EMOCIONAL
              Lógica dos pensamentos
                   Argumentos

                RESISTÊNCIA   APOIO(S)
INFLUENCIADORES    OBJETO DA      INFLUENCIADORES
   NEGATIVOS      TRANSFORMAÇÃO       POSITIVOS
                RESISTÊNCIA   APOIO(S)

                   Argumentos
              Lógica dos pensamentos
                    RACIONAL
```

O mapa da compreensão foi feito para que você organize suas percepções e a coleta de informações.

À esquerda você indica os influenciadores negativos e à direita, os positivos.

No quadrante superior esquerdo você registra os argumentos e a lógica emocional dos resistentes; no inferior esquerdo, registra os argumentos e a lógica racional desse grupo.

Nos quadrantes à direita, você faz os mesmos registros sob a perspectiva dos apoiadores da mudança.

Esse mapa lhe oferecerá maior clareza para se posicionar e analisar viabilidade, tempo e recursos necessários para apoiar as pessoas.

Vejamos um exemplo:

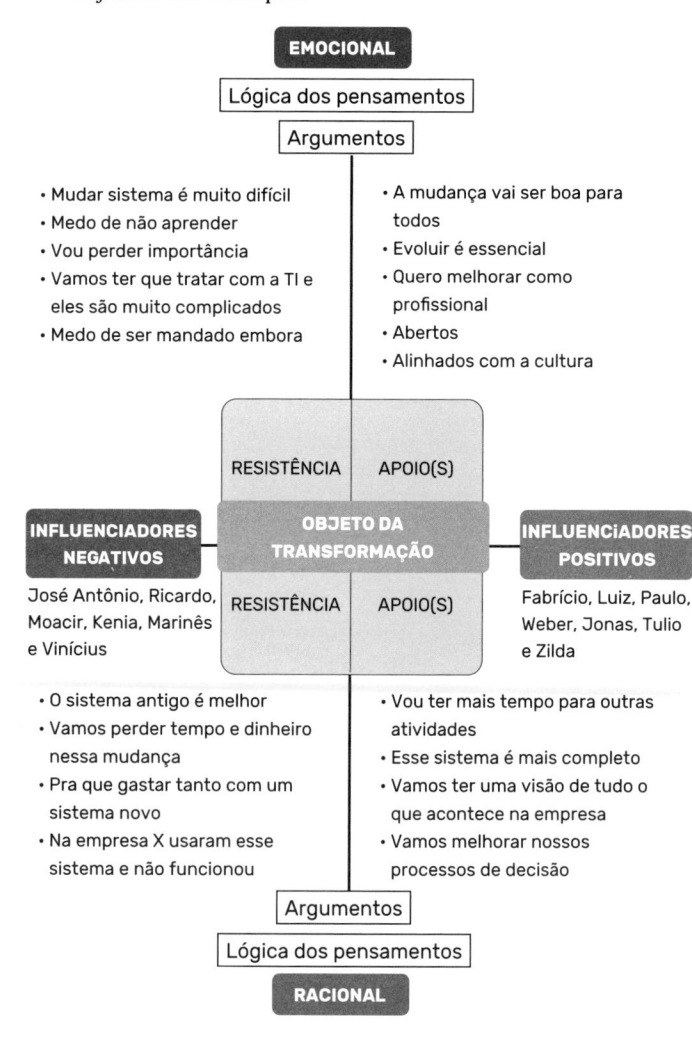

EMOCIONAL

Lógica dos pensamentos

Argumentos

- Mudar sistema é muito difícil
- Medo de não aprender
- Vou perder importância
- Vamos ter que tratar com a TI e eles são muito complicados
- Medo de ser mandado embora

- A mudança vai ser boa para todos
- Evoluir é essencial
- Quero melhorar como profissional
- Abertos
- Alinhados com a cultura

	RESISTÊNCIA	APOIO(S)	
INFLUENCIADORES NEGATIVOS	**OBJETO DA TRANSFORMAÇÃO**		**INFLUENCIADORES POSITIVOS**
José Antônio, Ricardo, Moacir, Kenia, Marinês e Vinícius	RESISTÊNCIA	APOIO(S)	Fabrício, Luiz, Paulo, Weber, Jonas, Tulio e Zilda

- O sistema antigo é melhor
- Vamos perder tempo e dinheiro nessa mudança
- Pra que gastar tanto com um sistema novo
- Na empresa X usaram esse sistema e não funcionou

- Vou ter mais tempo para outras atividades
- Esse sistema é mais completo
- Vamos ter uma visão de tudo o que acontece na empresa
- Vamos melhorar nossos processos de decisão

Argumentos

Lógica dos pensamentos

RACIONAL

Sua missão é enxergar nitidamente como as pessoas sentem e pensam a mudança. Assim você identifica o estado de congelamento delas.

Atividade

Monte um mapa da compreensão com base em uma situação que esteja vivendo ou já viveu.

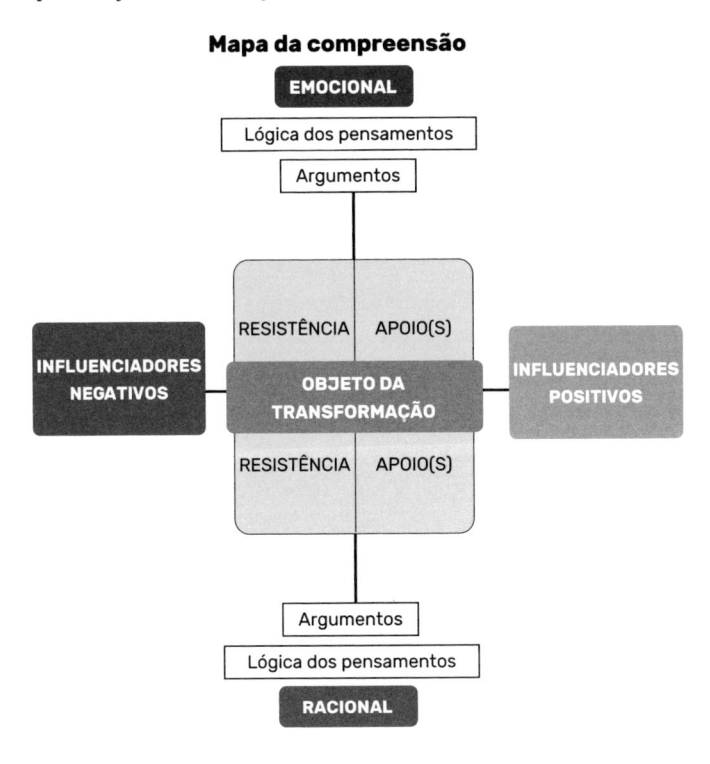

Mapa da compreensão

```
                    EMOCIONAL
              Lógica dos pensamentos
                   Argumentos
                       │
    ┌──────────────┬───────────────┬──────────────┐
    │              │ RESISTÊNCIA │ APOIO(S) │              │
    │ INFLUENCIADORES │   OBJETO DA    │ INFLUENCIADORES │
    │   NEGATIVOS   │ TRANSFORMAÇÃO  │   POSITIVOS   │
    │              │ RESISTÊNCIA │ APOIO(S) │              │
    └──────────────┴───────────────┴──────────────┘
                       │
                   Argumentos
              Lógica dos pensamentos
                    RACIONAL
```

4. O estado de descongelamento

Esse estado é uma das fases mais críticas do processo e vamos oferecer aqui uma gama de opções para conduzi-lo bem.

Esse próximo passo envolve preparar a organização e lidar com as pessoas resistentes para que aceitem que as mudanças são necessárias, sejam financeiras, sejam gerenciais, organizacionais ou de qualquer outra natureza.

O descongelamento tem a ver com a dissolução de pensamentos, linhas de argumentos distorcidas e atitudes reativas negativas que podem tornar as pessoas refratárias ou mesmo detratoras da mudança.

Para conduzir esse processo é preciso seguir alguns caminhos que nos levam a desconstruir e romper formas de resistência com inteligência e habilidade.

Consideramos importante criar uma narrativa convincente que explique por que os métodos e procedimentos atuais devem ser modificados.

Quando as pessoas começam a perceber que uma proposta de mudança vai alterar o modo "como as coisas são feitas", há um natural desequilíbrio que atinge a tudo e a todos.

Ao fazer tal proposição, você pode provocar fortes reações nas pessoas, mas isso, por vezes, acaba sendo precisamente o que deve ser feito.

Por exemplo, ao pressionar a empresa a reexaminar seus sistemas de controle, você efetivamente cria uma crise (gerenciada), o que pode causar uma forte motivação para buscar um novo equilíbrio ou construir uma ampla resistência.

Vamos conhecer algumas chaves para descongelar pessoas quanto a uma mudança ou forma de pensar.

É importante ter em mente que as pessoas são movidas por interesses, e há três tipos básicos de interesse:

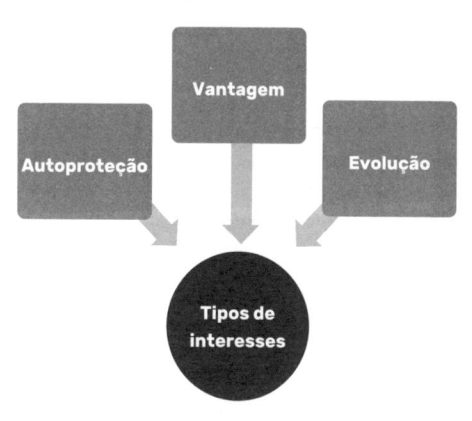

Vantagem

Autoproteção

Evolução

Tipos de interesses

1. Vantagens – Necessidade de obter ganhos pessoais ou coletivos, por desempenho ou por oportunismo.

2. Autoproteção – Sentimento de perda por algo que, acredita-se, pode ocorrer (mais trabalho, menos privilégios, menos poder).
3. Evolução – Convicção genuína de que é possível aprender e se desenvolver, mas a pessoa se sente insegura.

Fatores de influência

Para lidar com interesses pessoais é crucial compreender o tipo de influência que uma pessoa exerce sobre as outras e se um agente de mudança possui ascendência sobre grupos.

Na sequência, veremos os três fatores de influência que impactam pessoas.

Credibilidade	Confiança	Dependência
• O que as pessoas falam de você • Seu histórico • Seus relacionamentos	• Sua palavra e entregas • Sua postura • Tempo de revelação • Suas convicções e ideias • Argumentos e lógica	• O que você sabe • Informações que possui • *Status* e suporte que tem • Algo que possui e interessa ao outro

Esses três fatores ajudam você a promover o descongelamento de ideias.

▶ Credibilidade

Tem a ver com a sua história, com tudo que você construiu como imagem por meio de suas atitudes ao longo dos anos.

Em certa mineradora, uma mudança de processo iria gerar muito trabalho a uma equipe de manutenção. Como agente de mudança, foi designado um especialista técnico de outra planta. Quando esse profissional chegou e se colocou favorável à mudança, boa parte dos colaboradores reduziu sua resistência por conta da respeitabilidade daquele homem e de sua história. Portanto, a postura e as ações tomadas hoje constroem a sua reputação futura.

▶ Confiança

Tem a ver com a maneira como você se comporta no presente. Seu modo de falar, suas ideias e a coerência de seus argumentos podem diminuir a resistência dos demais.

Muitas vezes, você pode não ser um profissional conhecido e seu papel como agente de mudança dependerá de sua convicção, de seu poder de convencimento e da segurança que transmitirá às pessoas.

▶ Dependência

Tem a ver com quanto as pessoas resistentes dependem de atributos e atribuições que só você possui: habilidades e conhecimentos específicos, informações estratégicas, *status* etc.

Usar correta e sabiamente a dependência pode ser um fator de descongelamento.

Táticas de diálogo

Táticas de diálogo são ferramentas que permitem quebrar e dissolver resistências.

Pessoas que não têm habilidade em dialogar tendem a querer se impor ou brigar para que as coisas sejam feitas como elas querem. Esse comportamento é muito comum e causa diferentes danos ao ambiente, às relações humanas, à cultura e, certamente, aos resultados em médio e longo prazos.

Existem duas táticas bastante eficazes: negociação e argumentação.

▶ Negociação

É uma estratégia usada quando as partes estão abertas ao diálogo, implicando a apresentação recíproca de propostas para se chegar a um denominador comum. Em situações de mudança, quando identificados os interesses, é preciso usar a influência para diagnosticar e equalizar as pretensões e expectativas de um grupo, fazendo assim um sistema de trocas.

Os sistemas de troca funcionam bem quando entendemos que, em determinado contexto, cabe uma compensação ao nosso interlocutor. Trata-se de oferecer uma compensação pela adesão a uma mudança, como se fosse uma moeda de troca.

Acompanhe alguns sistemas de troca.

Moedas ligadas a inspiração

Visão	Estar envolvido em algo muito maior. Participar de algo relevante. Envolver-se em algo que tenha projeção.
Excelência	Ter oportunidade de chegar a um resultado acima do normal.
Valores corporativos	Fazer as coisas certas. Reforçar valores e se sentir contributivo.

Moedas ligadas a tarefas

Recursos	Obter verbas, orçamento e garantias para realizar algo. Mais pessoas, espaço etc.
Suporte	Ter apoio ou sentir-se seguro na realização de algo. Obter informações que façam as coisas se movimentarem melhor. Facilitar para atingir resultados.
Velocidade	Conseguir facilidades de fluxo e respostas.

Moedas ligadas a posição

Projeção	Obter reconhecimento, visibilidade de um reforço ou habilidades.
Reputação	Ser visto com alguma qualidade que traga valor à imagem pessoal e carreira.
Inclusão	Sentir-se pertencendo a um grupo ou abrindo conexões com pessoas de valor.

Moedas ligadas a relacionamento

Compreensão	Ser acolhido com preocupações, problemas e queixas.
Conexão	Perceber abertura de relações que são importantes.
Amizades	Sentir intimidade, sintonia e apoio social/emocional.

Moedas pessoais

Bem-estar	Evitar críticas e aborrecimentos.
Gratidão	Conseguir ajudar e ser reconhecido por seus valores e conduta.
Aprendizagem	Aprender novas habilidades, adquirir conhecimentos.

Caso de moeda de troca (negociação)

Uma empresa decidiu mudar o regime de trabalho de seu pessoal de relacionamento e apoio operacional, passando de home office duas vezes por semana para presencial todos os dias úteis. De fato, o tipo de negócio em que a empresa atuava exigia um volume maior de interação.

No entanto, essa determinação gerou estresse e uma grande resistência por parte daqueles que já haviam estabelecido sua rotina contando com os dias em casa.

As duas diretorias envolvidas nessas áreas concluíram que era preciso uma negociação para resolver o impasse. Relacionamento e apoio operacional eram as únicas áreas que ainda não estavam no programa de resultados da empresa. Diante disso, os diretores usaram a estratégia da moeda de troca: como já havia a intenção de unificar a política de participação, essa proposta foi estendida a todos os departamentos, e as pessoas ainda queixosas aceitaram voltar ao trabalho cem por cento presencial. Passadas algumas semanas do novo regime, não havia qualquer clima ruim e os resultados melhoraram.

Em muitas situações, quando se entendem as necessidades e os interesses das pessoas, as moedas de troca podem ser muito eficazes para resolver e dissolver resistências.

▶ Argumentação

Nós tanto podemos convencer outra pessoa como ser convencidos por ela, e isso dependerá da maneira pela qual se estabelece a lógica argumentativa – se pela via emocional ou pela via racional.

Há pessoas que reagem de forma emocional quando contrariadas ou desafiadas, ao passo que outras são mais racionais nas mesmas circunstâncias. Identificar os fatores de influência permite endereçar os melhores esforços para dissolver pensamentos fixos.

A essência da argumentação reside na apresentação de raciocínio lógico e de evidências para persuadir ou dissuadir alguém de um ponto de vista, ideia ou posição específica.

Ao desenvolver uma argumentação você busca apresentar sua perspectiva de maneira clara e convincente, levando em consideração os interesses das outras pessoas.

Aqui estão alguns elementos essenciais da argumentação.

Evidências

Para apoiar suas ideias, você precisa apresentar evidências sólidas. Evidência representa tudo o que não pode ser contestado; mesmo que o outro não pense como você, ele não poderá negar um fato. Por exemplo, quando um gerente afirma que determinado benefício é oferecido pela empresa há quinze anos, não é possível refutar a informação, uma vez que é um dado comprovado.

Entre os tipos de evidências, podemos incluir fatos, estatísticas, demonstrações empíricas, testemunhos, laudos técnicos, dados comparativos ou informações de fontes confiáveis. Quanto mais sólidas forem suas evidências, mais persuasiva será a sua argumentação.

Raciocínio lógico

Sua argumentação deve seguir uma lógica sólida. Os argumentos precisam ser organizados de forma coerente, com cada ponto conduzindo naturalmente ao próximo. Uma boa forma de argumentar com lógica é elaborar perguntas que levem as pessoas a perceber por si mesmas coisas que não levavam em conta anteriormente. Outra forma é apresentar uma relação de causa e efeito que permita aos demais enxergar determinada questão sob outro ponto de vista.

Certa vez, o gerente de uma empresa foi incumbido de informar a um supervisor que ele perderia o comando da equipe por causa de uma reestruturação interna, e que as equipes passariam a ser autônomas. Disse o gerente:

— A rigor, sua situação permanecerá a mesma. Seu salário continuará o mesmo. As cobranças serão compartilhadas. Você cuidará de uma carteira que lhe dará mais tempo e menos pressão. Percebe que não perde nada e ainda ganha tempo e qualidade de vida?

Eles tiveram duas ou três conversas nessa linha e o supervisor mudou de percepção e contribuiu para o bom andamento do processo.

Apelo à emoção

Em algumas situações, lançar mão de apelos emocionais pode se mostrar um estratégia eficaz de persuasão. No entanto, essa medida deve ser usada com moderação e de forma ética, sem recorrer à manipulação.

Quando se apela à emoção é importante entender que a mente produz sentimentos por meio de imagens e construções mentais. A melhor maneira de ativar emoções é valer-se de histórias. Para criar um ambiente que estimule uma perspectiva favorável a mudanças é imprescindível contar histórias que se relacionem com o que precisa ser sensibilizado, sejam narrativas próprias, de terceiros ou mesmo analógicas.

Em dada ocasião, uma empresa decidiu modernizar o sistema de segurança trocando antigos aparelhos por novos equipamentos que foram imediatamente rejeitados. Uma diretora se reuniu com o grupo resistente – que envolvia cerca de quarenta pessoas – e contou o caso de um colaborador que havia perdido a mão ao manusear uma máquina antiquada. No caso, ela trouxe fotos e a narrativa foi extremamente impactante. As pessoas ficaram tão impressionadas que as resistências foram inteiramente dissolvidas e o engajamento ocorreu a uma velocidade acima do esperado.

Importante ressaltar que não basta simplesmente contar uma história, mas é fundamental encontrar *a* história. Aquela que tocará o coração das pessoas a ponto de elas reverem suas ideias.

Em resumo, a essência da argumentação é a apresentação de um raciocínio apoiado em evidências sólidas com o objetivo de influenciar ou persuadir os outros.

Os quatro tipos de comportamento em situações de mudança

Naturalmente, todo processo de mudança gera reações que se traduzem em comportamentos. É comum as pessoas não terem consciência de suas reações às mudanças, no entanto, quem conduz o processo deve fazer uma leitura mais clara dos papéis assumidos.

Esses papéis, que chamamos de quatro tipos de comportamento, se apresentam como:

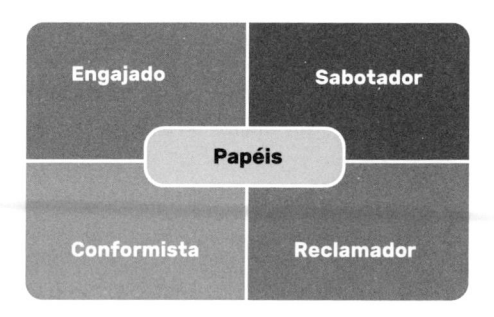

Engajado	Sabotador
Conformista	Reclamador

(Papéis)

▶ **Engajado**

Esse comportamento se reflete na pessoa que "comprou" a mudança e quer vê-la acontecer. O engajado é o colaborador com quem se pode contar. Ele ajuda na mudança e pode se tornar um influenciador, um apoiador e um defensor.

Pessoas com esse perfil fazem acontecer. Em um processo de mudança, quanto maior o engajamento, maior é a chance de a ação ser bem-sucedida.

▶ Sabotador

Esse comportamento é próprio das pessoas que definitivamente são contra a mudança e vão trabalhar para que ela não ocorra. São indivíduos de princípio ativo, ou seja, vão agir. Há muitas formas de atuar para destruir um processo de mudança. Há sabotadores ocultos que podem apresentar uma personalidade dúbia: aparentemente concordam com a mudança, mas trabalham em agendas secretas para impedir ou dificultar sua implantação. Esses sabotadores são, por vezes, difíceis de ser identificados. São pessoas que evitam se expor e se esquivam de conflitos, mas atuam de forma velada em paralelo. Há também os sabotadores que agem abertamente e se expõem. Na maior parte das vezes, esses colaboradores são sinceros e não acreditam na mudança – discutem, tentam convencer os outros a não aderir, arregimentam mais sabotadores. No geral, recomendo abraçar esse tipo de sabotador que revela o que pensa e o que faz. Talvez até se chegue à conclusão de que estão certos e a mudança não seja apropriada, por isso é fundamental dar voz a eles e entender seus argumentos. Vale a pena investir em estratégias de diálogos para fazer com que mudem de posição. Em regra, quando compram a ideia, os sabotadores descongelam e se tornam engajadores entusiasmados.

▶ Conformista

Esse tipo de comportamento caracteriza pessoas que não concordam com a mudança ou não se entusiasmam por ela, mas não vão agir contra. O tipo conformista não quer confusão, tampouco pretende se envolver. Essa não é a pessoa de quem se pode esperar proatividade ou algum tipo de solução na implementação da mudança ou em seus desafios. É o colaborador que precisa ser direcionado e acompanhado. Aponte a direção e ele a seguirá sem questionamentos. Muitas vezes, o conformismo vem de experiências anteriores malsucedidas, que resultaram em uma postura mais passiva e de autoproteção.

▶ Reclamador

O comportamento reclamador corresponde ao da pessoa que, embora desfavorável à mudança, não agirá contra ela, mas infernizará o ouvido alheio com críticas, lamentações e comentários que não contribuirão com o processo. O reclamador potencializa detratores e fomenta sabotadores.

Esses quatro tipos de comportamento não são estáticos. Já vimos pessoas engajadas virarem sabotadoras, reclamadoras se transformarem em conformistas, sabotadoras em engajadas, conformistas em reclamadoras e assim por diante.

A forma como é conduzida a mudança produz, inevitavelmente, comportamentos desejados e indesejados.

Como mudar o *mindset* do outro

A resistência tem um padrão representado em um modelo mental, ou seja, uma forma de pensar. Essa forma de pensar não é necessariamente completa e abrangente. Muitas vezes, as pessoas ficam presas a uma forma de enxergar o mundo e precisamos, assim, tirá-las desse lugar.

A técnica que veremos a seguir demonstrou-se extremamente eficaz em diversos treinamentos de formação de agentes de mudança, uma vez que opera de dentro para fora, evitando confrontos diretos.

O modelo dos 4 Es envolve um processo que permite ao profissional se posicionar melhor e aumenta as chances de ele trazer uma nova perspectiva para o outro, de dentro para fora.

O processo segue quatro passos:

ELIMINE os julgamentos – veja o fato
ENTENDA o porquê de o outro pensar assim
EXPLODA as consequências do *mindset* fixo
EXPANDA o *mindset* de crescimento e leve os demais à ação

Técnica dos 4 Es

- Elimine
- Entenda
- Exploda
- Expanda

Exemplo
ELIMINE os julgamentos – veja o fato
O projeto está parado.

ENTENDA o porquê de o outro pensar assim
Eu não consigo tocar o projeto sozinho. Dependo do trabalho de outras pessoas.

EXPLODA as consequências do *mindset* fixo
O que acontece se o projeto ficar parado?
Nós vamos atrasar o prazo de entrega.
O que acontece se atrasarmos o prazo de entrega?
Nós não vamos atingir a meta.
O que acontece se não conseguirmos atingir a meta?
Nossa área vai ter problemas.
E o que acontece se nossa área tiver problemas?
Corremos o risco de a área ser fechada e terceirizada.
E o que acontece se a área for fechada?
Nós, colaboradores, vamos perder o emprego.
E você quer isso?
Não.
Vocês poderiam ter evitado esse problema?
Sim.
Como?
Assumindo a responsabilidade, sendo mais proativos.

EXPANDA o *mindset* de crescimento e leve os demais à ação
E o que vai acontecer se vocês assumirem essas responsabilidades?
Vamos depender menos dos outros
O que acontece se vocês dependerem menos dos outros?
Poderemos evitar uma série de problemas e fazer os projetos andar.
E para sua área não ter mais problema, o que vocês poderiam fazer?
Vamos reunir o pessoal, criar um fluxo de trabalho, refazer acordos e colocar prazos em pequenas ações.
Quando?
Amanhã mesmo eu já vou marcar uma reunião para alinhar essas ações.

Com base em nossa experiência, é possível constatar que a aplicação desse método é crucial para se obter êxito em mudanças de modelos mentais, exercendo a paciência e a habilidade de fazer as perguntas certas para conduzir uma pessoa à sua melhor performance.

Vendendo ideias

▶ **Por que vender?**
Muitos gestores, apressadamente, tendem a buscar resultados e mudanças imediatos.

É natural querer efetuar mudanças com agilidade, mas nem sempre a visão estratégica e o entendimento da situação ocorrem de forma simultânea. É comum diretores, executivos, proprietários e gestores enxergarem uma necessidade de mudança urgente, de natureza operacional ou não. Essa visão não é necessariamente compartilhada em todos os níveis.

As pessoas não têm a mesma formação nem a mesma experiência prática, portanto não têm percepções e entendimento iguais.

Por isso, enfatizamos a primeira premissa: não queira que o outro entenda imediatamente uma ideia a partir do seu ponto de vista.

Ao forçar uma decisão de cima para baixo, as pessoas vão obedecer por mera questão hierárquica, mas não vão "lutar" por aquilo que você propõe.

O princípio básico do engajamento passa pela "compra da ideia" de mudança. O papel fundamental do facilitador é saber vender essa ideia.

Existem duas maneiras de estimular uma pessoa a agir conforme o planejado: tomando decisões de fora para dentro ou de dentro para fora.

Decidir de fora para dentro representa um comportamento coercitivo em que há uma imposição por vezes inegociável, restando ao outro apenas uma atitude: aceitar e executar.

É importante compreender que, no geral, as pessoas obedecerão porque precisam do emprego, fazendo o que lhes é pedido por dever, e não por vontade própria.

Quando as pessoas fazem algo por obrigação, a iniciativa não parte delas, portanto elas não se sentem responsáveis. E se não se sentem responsáveis, não lutarão para fazer a proposta funcionar.

Entenda que não há mudança implementada de forma perfeita. Toda mudança precisa de uma dose de ajuste e adaptação para que se viabilize, e isso só acontece quando as pessoas se sentem pertencentes ao processo.

Por isso, a grande virada ocorre quando você "vende" a necessidade de mudança para os demais.

▶ Vamos aprender a vender uma mudança?

O primeiro passo envolve despertar a consciência de uma pessoa para a necessidade da mudança. E qual é a forma mais eficaz de fazer isso?

Colocar em pauta uma dor atual ou o risco iminente de uma dor surgir.

Por exemplo:

Em um supermercado, os colaboradores tinham o hábito de usar planilhas Excel para fazer controles internos. Eram diversas planilhas e cada uma construída de um modo diferente. Isso tomava muito tempo e não trazia confiabilidade e celeridade às informações. Embora a diretoria tivesse plena ciência de que todos estavam acostumados com esse método, decidiu adquirir um sistema integrado que pudesse gerar uma nova forma de controle e fornecesse dados precisos para as tomadas de decisão. Para isso, era necessário ajudar as pessoas a perceberem o problema, e a empresa o fez recorrendo a um caso similar de outro supermercado que já operava de forma profissional.

A estratégia usada foi designar a cada gerente, supervisor e encarregado que passasse trinta dias no concorrente. Ao final desse período, todos se reuniram para falar sobre o assunto e praticamente toda a base gerencial constatou que a forma como estavam trabalhando não era producente e tomava muito tempo.

A diretoria, mostrando muita sensibilidade, não havia mencionado em momento algum a aquisição do software e pediu aos gestores que dessem sugestões.

Ao final, os gestores chegaram à conclusão de que era necessário adquirir o referido software e se encarregaram de promover a mudança.

Essa foi uma experiência real e bem-sucedida, mas esse resultado foi obtido graças à estratégia da direção que, em vez de precipitar e forçar a mudança, optou por despertar a consciência dos colaboradores para o problema que viviam.

Toda mudança bem-sucedida é fruto de um passo importante a ser dado: a dor precisa ser percebida ao mesmo tempo que um desejo de mudança deve ser despertado.

VENDA A DOR

Certamente existem muitas formas de vender a dor. Vejamos alguns caminhos que podem despertar a consciência das pessoas para uma necessidade de mudança:

- Fazer perguntas sobre a realidade atual e futura.
- Divulgar abertamente números, dados ou indicadores que evidenciem algum problema.
- Permitir que determinados problemas e insatisfações venham à tona.
- Mostrar outras realidades em que as coisas funcionam bem.
- Levar as pessoas a pensar a realidade em que vivem.
- Contratar novos colaboradores e dar liberdade para que questionem a realidade e a modifiquem.
- Fazer pesquisas e apresentar constatações.
- Fazer *benchmarking*.

Uma vez despertada a consciência de um problema ou de uma necessidade, é importante que a pessoa tenha desejo pelo futuro a ponto de abandonar o passado.

Todo movimento de mudança deve ter isso como enfoque mental: abandono do passado e desejo do futuro.

Por isso enfatizo que o real engajamento vem de dentro para fora, quando a pessoa constata o problema e quer largá-lo, mas ao mesmo tempo enxerga o futuro e quer obtê-lo.

DESPERTE O DESEJO PELO FUTURO

5. O estado de recongelamento

O descongelamento não garante o passo seguinte, que é recongelar. No entanto, se não seguirmos um processo, o que estava indo bem pode descarrilar.

Por essa razão, é preciso entender que a mudança só ocorre quando está "implementada". O jogo só acaba quando termina. Conquistar a aceitação, o engajamento e o entusiasmo das pessoas para facilitar mudanças requer também metodologia.

Vamos conhecer o método GELO, composto de quatro importantes vertentes para uma implementação sólida de mudanças.

- **G** • Gerenciar
- **E** • Engajar
- **L** • Liderar
- **O** • Otimizar

Gerenciar o processo

O desenvolvimento de um plano com monitoramento e controle é parte crucial da gestão da mudança, pois permite que você acompanhe o progresso das ações, identifique desvios em relação ao plano original e tome medidas corretivas quando necessário. Aqui estão as etapas para o gerenciamento de um processo de mudança.

1. Definação dos objetivos e indicadores-chave de desempenho (KPIs): identifique os principais indicadores que ajudarão a medir o progresso em relação aos objetivos da mudança. Isso pode incluir KPIs relacionados a produtividade, satisfação do cliente e qualidade do produto ou serviço, entre outros.

2. Estabelecimento de marcos e prazos: divida o plano de mudança em marcos significativos com datas de conclusão definidas. Isso permitirá que você avalie o progresso de maneira incremental.

3. Alocação de recursos: certifique-se de que os recursos necessários, como pessoal, orçamento e tecnologia, estejam disponíveis e alocados de acordo com o plano.

4. Implementação de um sistema de monitoramento: configure um sistema de monitoramento que permita rastrear os KPIs e o progresso em relação aos marcos. Isso pode incluir o uso de *software* de gerenciamento de projetos, planilhas ou outras ferramentas de acompanhamento.

5. Definição de responsabilidades: atribua responsabilidades claras para a coleta de dados, relatórios e análise de resultados. Cada membro da equipe de gerenciamento de mudança deve saber o que é esperado dele em termos de monitoramento e controle.

6. Coleta de dados: inicie a coleta de dados de acordo com o cronograma estabelecido. Isso pode envolver a obtenção de *feedback* dos colaboradores, análise de métricas de desempenho e qualquer outra informação relevante.

7. Análise de resultados: analise regularmente os dados coletados em relação aos KPIs e marcos. Identifique tendências, áreas de sucesso e desafios.

8. Comunicação de resultados: comunique os resultados da análise de forma clara e regular a todas as partes interessadas, incluindo a equipe de gerenciamento de mudança e os colaboradores afetados. Isso ajuda a manter todos informados e alinhados.

9. Tomada de ações corretivas: se os resultados indicarem desvios significativos em relação ao plano, tome medidas corretivas imediatas. Isso pode envolver a revisão do plano, realocação de recursos, ajuste de estratégias ou qualquer ação necessária para realinhar o projeto com os objetivos.

10. Documentação e relatórios: mantenha registros detalhados de todo o processo de monitoramento e controle, incluindo relatórios de análise e ações tomadas. Isso servirá como documentação valiosa para futuras referências e aprendizado.

11. Revisão e adaptação: regularmente, revise e adapte o plano de mudança com base nas descobertas do monitoramento e controle. Isso permite que você seja ágil e ajuste o plano de acordo com as circunstâncias em evolução.

Lembro que monitoramento e controle não é uma atividade única, mas um processo contínuo ao longo da implementação da mudança. A capacidade de se adaptar às mudanças nas circunstâncias e tomar medidas proativas para mitigar problemas é fundamental para o sucesso da gestão da mudança.

▶ Perguntas importantes

Quais ações tomaremos?
Quem cuidará do quê?
Como vamos medir?
Quais indicadores queremos atingir?
De que recursos precisamos para movimentar o processo?
O que pode dar errado?
O que e quem pode atrapalhar?
O que podemos fazer se houver dificuldades?
Como podemos fazer isso acontecer?
Quem temos de envolver?
Como deixar a tarefa mais confortável para você?
O que precisa conhecer ou aprender a fazer?
Que recursos precisa ter para movimentar o processo?
Como podemos tornar as pessoas donas do processo?
Como estabelecer um padrão funcional?
Como deixar o processo realmente consistente?
Quem manterá o processo funcionando?

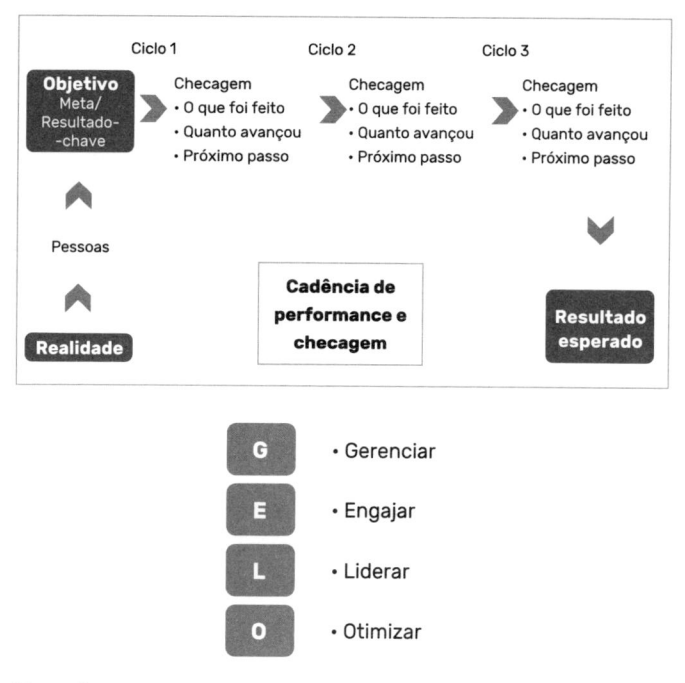

```
        Ciclo 1              Ciclo 2              Ciclo 3
Objetivo   Checagem          Checagem             Checagem
 Meta/    • O que foi feito  • O que foi feito    • O que foi feito
Resultado-• Quanto avançou   • Quanto avançou     • Quanto avançou
 -chave   • Próximo passo    • Próximo passo      • Próximo passo

Pessoas
                     Cadência de
                     performance e          Resultado
Realidade              checagem              esperado
```

- **G** • Gerenciar
- **E** • Engajar
- **L** • Liderar
- **O** • Otimizar

Engajar as pessoas

A **cocriação** é uma metodologia poderosa para engajar as partes interessadas em processos de mudança, permitindo que elas participem ativamente da concepção, desenvolvimento e implementação das mudanças. A seguir, apresento os passos para se usar a cocriação como ferramenta de engajamento em mudanças.

1. Identificação das partes interessadas: identifique todas as partes interessadas envolvidas na mudança, incluindo funcionários, clientes, fornecedores e outros parceiros relevantes.

2. **Definição de objetivos comuns:** facilite sessões de *brainstorming* ou *workshops* para definir objetivos comuns para a mudança. Isso ajuda a criar um senso de propósito compartilhado.

3. **Formação de grupos de trabalho multidisciplinares:** crie grupos de trabalho multidisciplinares que incluam representantes de todas as partes interessadas relevantes. Isso garante uma diversidade de perspectivas e conhecimentos.

4. **Coleta de ideias e soluções:** promova sessões de coleta de ideias, em que os grupos de trabalho podem sugerir soluções para os desafios da mudança. Use técnicas de *brainstorming* e ferramentas de colaboração.

5. **Priorização de ideias:** trabalhe em conjunto para priorizar as ideias e soluções coletadas com base em critérios objetivos, como impacto e viabilidade.

6. **Desenvolvimento de planos de ação:** transforme as ideias priorizadas em planos de ação concretos, identificando responsabilidades, recursos necessários e prazos.

7. **Testes e experimentação:** implemente pequenos projetos piloto ou experimentos para testar as soluções propostas. Isso permite que as partes interessadas vejam as mudanças em ação antes da implementação completa.

8. **Comunicação aberta e contínua:** mantenha uma comunicação aberta e transparente ao longo do processo de cocriação. Compartilhe atualizações, resultados de testes e próximos passos com todas as partes interessadas.

9. Feedback e aprendizado contínuo: colete *feedback* regularmente de todas as partes interessadas envolvidas na cocriação. Use esse *feedback* para fazer ajustes nos planos e melhorar o processo.

10. Implementação e acompanhamento: implemente as soluções acordadas e acompanhe seu progresso em relação aos objetivos definidos.

Aqui estão alguns exemplos de empresas que utilizam a cocriação.

→ LEGO
A LEGO Ideas é uma plataforma *on-line* que permite aos fãs da empresa apresentar suas ideias de conjuntos LEGO. As ideias mais populares são consideradas para produção, e os criadores recebem uma parte dos lucros.

→ Starbucks
A Starbucks utiliza a cocriação por meio do programa "My Starbucks Idea". Os clientes podem compartilhar sugestões para melhorias nos produtos, serviços e experiência nas lojas. Algumas das ideias são implementadas e os contribuidores são reconhecidos.

→ Nike
A Nike permite que os clientes personalizem seus próprios tênis e roupas esportivas por meio do programa Nike By You.

Os clientes podem escolher cores, materiais e estilos, criando produtos exclusivos.

→ LEGO Mindstorms

A LEGO Mindstorms é uma linha de produtos que permite que crianças e adultos criem robôs programáveis. A comunidade *on-line* da LEGO Mindstorms possibilita que os usuários compartilhem designs, códigos e ideias para criar robôs personalizados.

→ Mozilla Firefox

A Mozilla, criadora do navegador Firefox, envolve a comunidade de código aberto na cocriação do navegador. Desenvolvedores e usuários podem contribuir com melhorias, extensões e recursos por meio do programa Mozilla Add-ons.

→ Threadless

A Threadless é uma loja *on-line* que permite que artistas enviem designs de camisetas. Os designs mais populares são escolhidos por votação da comunidade e vendidos na loja. Os artistas recebem uma comissão pelas vendas de suas criações.

→ LEGO Serious Play

A LEGO Serious Play é uma metodologia de cocriação que utiliza peças LEGO para facilitar *workshops* e reuniões estratégicas em empresas. Os participantes usam as peças para construir modelos que representam ideias e conceitos, promovendo a criatividade e a colaboração.

→ Airbnb

O Airbnb envolve anfitriões e hóspedes na cocriação de novos recursos e políticas. Eles realizam pesquisas, reuniões e grupos de discussão para obter *feedback* e ideias que melhorem a experiência de seus usuários.

Esses exemplos demonstram como a cocriação pode ser aplicada em diferentes setores e contextos, permitindo que empresas aproveitem a sabedoria coletiva de seus clientes e comunidades para melhorar produtos, serviços e processos.

Seguem, agora, alguns exemplos de empresas brasileiras que adotam a cocriação como parte de suas estratégias de negócios.

→ Natura

A Natura, uma das maiores empresas de cosméticos do Brasil, envolveu os clientes na cocriação de produtos por meio de sua plataforma "Natura Campus". Os consumidores podem colaborar na criação de fragrâncias e produtos personalizados.

→ Itaú Unibanco

O Itaú Unibanco adotou a cocriação em sua estratégia de inovação. Lançou o programa "Casa do Futuro" para trabalhar com *startups* e parceiros externos no desenvolvimento de soluções bancárias inovadoras.

→ Nubank

O Nubank, uma *fintech* brasileira, também utiliza a cocriação em sua abordagem de desenvolvimento de produtos. A empresa tem uma forte comunidade de usuários que fornece *feedback* e sugestões para melhorar seus serviços.

→ Grupo Boticário

O Grupo Boticário, que inclui marcas como O Boticário e Eudora, realiza pesquisas e *workshops* com clientes para desenvolver novos produtos e melhorar a experiência nas lojas.

→ Bradesco

O Bradesco tem adotado a cocriação em sua estratégia de inovação, buscando parcerias com *startups* e convidando clientes a participar do processo de desenvolvimento de novos produtos e serviços financeiros.

Essas empresas demonstram como a cocriação pode se mostrar uma abordagem eficaz para envolver clientes, colaboradores e outras partes interessadas no desenvolvimento de produtos e serviços que atendam melhor às necessidades do mercado brasileiro. A cocriação é uma prática que está crescendo em popularidade e pode ser uma forte aliada no engajamento com as mudanças.

▶ **Perguntas importantes**

Quem temos que envolver no processo e como?
Como podemos despertar nas pessoas o senso de dono?
O que elas precisam conhecer ou aprender a fazer?
Qual o valor dessa mudança?

- **G** • Gerenciar
- **E** • Engajar
- **L** • Liderar
- **O** • Otimizar

Liderar pessoas

Despertar nas pessoas a vontade de se comprometer com ações e produzir melhores resultados é o desafio de um agente de mudança ou da liderança.

Os três motivos pelos quais uma pessoa faz alguma coisa são:

1. ela querer;
2. ela precisar;
3. alguém querer que ela faça.

Para que você possa despertar no outro o desejo de fazer alguma coisa, apresentamos uma metodologia que ao mesmo tempo engaja e inspira. Essa ferramenta envolve a capacidade de estabelecer uma linha de conversa que leve a pessoa a assumir um compromisso, aceitar ser liderada e agir.

▶ **Método VAI**

Esse método facilita o movimento de mudança e consiste em levar uma pessoa a perceber o que precisa fazer e engajá-la autenticamente no processo.

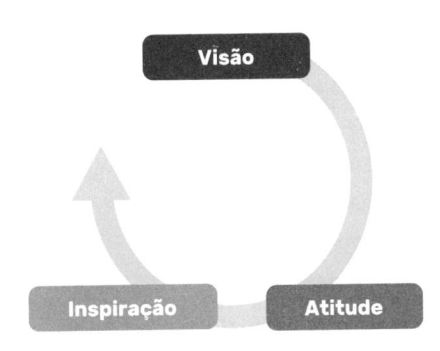

Por meio de uma ou mais conversas guiadas, você faz perguntas, entende as respostas e acompanha a evolução da pessoa até que ela se convença de que pode fazer a diferença.

Visão – Eu vejo

Os colaboradores precisam perceber o que deve ser feito. Essa investigação é crítica para despertar o que chamamos de "eu vejo", ou seja, a conscientização e o entendimento de determinada situação para se aspirar a uma realidade futura.

Perguntas a serem feitas:

Como vê a situação atual da sua área?

Como ela deveria estar?

Que impactos positivos as mudanças podem gerar?

Atitude – Eu quero

A pessoa precisa querer mudar ou se esforçar para atingir determinado objetivo. A vontade interna deve ser despertada nesta etapa. É preciso estabelecer uma meta, mesmo que ainda não esteja claramente definida.

Perguntas a serem feitas:

Quais serão as consequências se as coisas continuarem como estão?

Qual seria o seu objetivo?

Inspiração – Eu vou

Uma vez decidida a empenhar esforços para alcançar uma meta, a pessoa precisará encontrar o melhor caminho para atingi-la e determinar ações que a levarão a superar eventuais barreiras que possam dificultar a conquista desse objetivo.

Perguntas a serem feitas:

Quais alternativas você tem?

Que ações pretende tomar?

O que pode atrapalhar ou lhe impedir de ser bem-sucedido?

O que pretende fazer se surgirem obstáculos?

Quanto tempo planeja levar para alcançar o objetivo?

Como posso lhe ajudar ou acompanhar a sua trajetória?

As conversas de acompanhamento são destinadas a obter um retorno sobre o andamento do processo e do desempenho individual; têm vieses avaliativo e diretivo.

As conversas de desempenho podem trazer inúmeros benefícios, como:
- deixar claro que há acompanhamento;
- gerar reflexões;
- gerar mudanças;
- gerar comprometimento;
- potencializar algo que já está funcionando;
- permitir que a pessoa repense seus pontos de vista e aja de modo diferente

Há alguns riscos em se aplicar a conversa de acompanhamento quando não se tem clareza dos benefícios de uma mudança nem sensibilidade para enxergar seus eventuais pontos negativos. Alguns cuidados:
- Não assumir uma postura punitiva.
- Evitar supervalorizar um bom desempenho.
- Investigar as desculpas.
- Não fazer reprimendas que bloqueiem o processo.
- Não tolher ações coerentes.
- Não agir de modo superficial e *pro forma*.
- Evitar ser excessivamente formal, perdendo a naturalidade.

Ao estabelecer uma conversa de acompanhamento, tenha em mente que todo diálogo, formal ou não, é uma oportunidade de fazer uma checagem com as três perguntas:

O que está indo bem?
O que não está indo bem?
O que se pode fazer para mudar/manter isso?

- **G** • Gerenciar
- **E** • Engajar
- **L** • Liderar
- **O** • Otimizar

Otimizar processos

Implementar uma mudança não é um objetivo final, mas um processo que precisa ser revisitado para que sirva de estímulo, encorajamento e boas memórias para mudanças futuras.

Destacamos aqui algumas atitudes tomadas pelos agentes facilitadores que permitem o pensamento contínuo de mudança e de melhoria.

- **Reconhecimento e celebração dos marcos alcançados:** ao longo do processo de mudança, isso ajuda a manter o entusiasmo e o engajamento das partes interessadas.
- **Avaliação de resultados:** análise do impacto da mudança em relação aos objetivos estabelecidos e uso de métricas quantitativas e qualitativas para avaliar o sucesso.
- *Feedback* **dos colaboradores:** solicitar aos colaboradores que avaliem a experiência da mudança e usar essas informações para melhorar processos futuros.

- **Consolidação da mudança:** garantir que os novos processos e comportamentos tornem-se parte da cultura organizacional. Isso pode envolver a atualização de políticas, procedimentos e sistemas.
- **Reforço contínuo:** seguir apoiando os colaboradores na consolidação da mudança por meio de treinamento contínuo, *feedback* positivo e reconhecimento.
- **Encerramento do projeto:** documentar todas as etapas do projeto e registrar as lições aprendidas para orientar futuras iniciativas de mudança.

Lembre-se de que a gestão da mudança é um processo contínuo, e pensar em melhoria contínua é procedimento crítico para uma postura organizacional flexível e adaptativa. Tenha em mente a disrupção, o aperfeiçoamento e um olhar para o futuro.

Melhoria contínua

A essência da disrupção envolve a capacidade de criar mudanças radicais e transformadoras em uma indústria ou mercado estabelecido, muitas vezes desafiando os modelos de negócios existentes. Embora a disrupção possa se manifestar de várias formas, existem alguns elementos essenciais que a caracterizam:
- **Inovação:** a inovação é a pedra angular da disrupção. Isso envolve a criação de novos produtos, serviços, tecnologias ou modelos de negócios que abordam as

necessidades dos clientes de maneira mais eficaz ou de uma forma completamente nova.

- **Foco no cliente:** as empresas disruptivas frequentemente começam por identificar lacunas nas experiências dos clientes ou insatisfações com as soluções existentes. Elas se concentram em atender às necessidades do cliente de maneira mais eficiente, conveniente ou acessível.
- **Tecnologia:** a tecnologia muitas vezes desempenha um papel fundamental na disrupção, permitindo que as empresas mudem a forma como os produtos ou serviços são entregues. Tecnologias emergentes, como inteligência artificial, big data, blockchain e IoT, frequentemente desempenham um papel importante.
- **Acesso à informação:** acesso a informações e dados, muitas vezes impulsionados pela conectividade da internet, capacita as empresas disruptivas a entender as necessidades dos clientes e aprimorar suas ofertas com base em dados reais.
- **Modelo de negócios inovador:** a disrupção muitas vezes envolve a introdução de novos modelos de negócios que desafiam as estruturas tradicionais. Isso pode incluir modelos de assinatura, compartilhamento de recursos, economia sob demanda e outros.
- **Agilidade e adaptação:** empresas disruptivas são frequentemente ágeis e capazes de se adaptar rapidamente às mudanças do mercado. Elas estão dispostas a

experimentar, aprender com os erros e ajustar suas abordagens conforme necessário.
- **Mentalidade empreendedora:** a mentalidade empreendedora é fundamental para a disrupção. Isso envolve uma disposição para assumir riscos calculados, explorar novas ideias e estar aberto a desafiar o *status quo*.
- **Foco a longo prazo:** a disrupção muitas vezes leva tempo para se materializar completamente. Empresas disruptivas têm uma visão de longo prazo e estão dispostas a investir recursos significativos no desenvolvimento de suas ideias.
- **Apetite para desafiar o convencional:** a disrupção frequentemente envolve desafiar as normas e convenções da indústria. Isso pode incluir a rejeição de práticas tradicionais e a criação de abordagens alternativas.
- **Impacto social ou ambiental:** muitas empresas disruptivas também têm foco em causas sociais ou ambientais, buscando criar impacto positivo além dos lucros.

Vamos ver também como algumas empresas já fizeram a disrupção acontecer em um passado recente por conta de sua visão de melhoria e habilidade com mudanças.

Aqui estão alguns exemplos notáveis:

→ **Toyota**

A Toyota é frequentemente citada como o exemplo mais icônico de uma empresa que adotou a melhoria contínua. O sistema Toyota de produção, que deu origem ao Lean Manufacturing, é uma abordagem notável que enfatiza a eliminação de desperdícios e o aprimoramento constante dos processos.

→ General Electric (GE)

A GE é conhecida por sua abordagem chamada Six Sigma, que visa reduzir a inconformidade e melhorar a qualidade dos produtos e processos. A GE tem uma cultura de melhoria contínua profundamente enraizada em toda a organização.

→ Amazon

A empresa é reconhecida por sua ênfase na inovação contínua e na melhoria de seus serviços e processos. Jeff Bezos, fundador da Amazon, sempre enfatizou a importância de permanecer "obcecado pelo cliente" e procurar maneiras de aprimorar constantemente a experiência do consumidor.

→ McDonald's

O McDonald's implementa continuamente melhorias em seu menu, processos operacionais e experiência do cliente. A empresa introduziu iniciativas como a personalização de pedidos e a modernização de seus restaurantes.

→ Samsung

Uma das maiores empresas de tecnologia do mundo, a Samsung foca a inovação constante de produtos eletrônicos e o aprimoramento de suas operações de fabricação.

→ **Procter & Gamble (P&G)**

A P&G é conhecida por sua cultura de inovação e melhoria constante em produtos de consumo. Conta com um rigoroso processo de desenvolvimento de produtos e investe em pesquisa e desenvolvimento contínuos.

→ **3M**

A 3M é famosa por sua cultura de inovação, que permite o desenvolvimento de uma ampla gama de produtos inovadores em várias áreas, desde adesivos até artigos médicos.

→ **Walmart**

Uma das maiores redes de varejo do mundo, o Walmart aprimora constantemente seus processos logísticos, cadeia de suprimentos e atendimento ao cliente para manter sua posição no mercado.

Em resumo, a essência da disrupção envolve a capacidade de inovar de maneira significativa, alinhar-se com as necessidades dos clientes, aproveitar a tecnologia e desafiar modelos de negócios existentes. Empresas que dominam essas competência têm o potencial de transformar mercados e setores inteiros.

Despertar o apetite para desafiar o convencional envolve a promoção de uma cultura de inovação, criatividade e disposição para questionar o *status quo*. Aqui estão algumas estratégias para estimular esse apetite em uma organização.

Crie um ambiente de confiança: estabeleça um ambiente onde os colaboradores se sintam à vontade para expressar suas opiniões, mesmo que sejam contrárias à norma. Garanta que não haja medo de críticas ou retaliações.

Promova a diversidade de pensamento: encoraje a diversidade de pensamento, experiências e perspectivas em sua equipe. Pessoas com origens e habilidades diferentes muitas vezes trazem *insights* únicos e estão mais propensas a desafiar o convencional.

Estimule a criatividade: implemente programas e atividades que estimulem a criatividade, como sessões de *brainstorming*, competições de ideias e *hackathons*. Dê aos colaboradores espaço para explorar soluções inovadoras.

Defina metas e desafios audaciosos: estabeleça metas e desafios que inspirem as pessoas a pensar de maneira não convencional. Metas ambiciosas incentivam a busca por soluções criativas.

Celebre o fracasso construtivo: reconheça que o fracasso faz parte do processo de inovação. Encoraje a experimentação e o aprendizado com os erros, destacando os aspectos construtivos do fracasso.

Promova a aprendizagem contínua: ofereça oportunidades de desenvolvimento profissional que incentivem os colaboradores a adquirir novos conhecimentos e habilidades. Isso os tornará mais confiantes para desafiar o convencional.

Recompense ideias inovadoras: crie programas de incentivo e reconhecimento que recompensem as contribuições para a inovação e a capacidade de desafiar o *status quo*.

Estimule a liderança exemplar: líderes da organização devem demonstrar sua própria disposição para desafiar o convencional. Eles podem ser modelos a seguir ao adotar uma mentalidade de inovação.

Compartilhe histórias de sucesso: divulgue histórias de pessoas ou equipes que desafiaram o convencional e obtiveram sucesso. Isso inspirará outros a seguir o exemplo.

Promova a curiosidade: incentive a curiosidade e a busca por respostas para perguntas difíceis. Faça com que os colaboradores perguntem "por que" e "e se".

Incentive a colaboração: crie oportunidades para colaboração entre diferentes departamentos e equipes. A diversidade de perspectivas muitas vezes leva a abordagens não convencionais.

Estabeleça um processo de inovação: implemente um processo formal de inovação que guie a identificação e implementação de ideias inovadoras. Isso ajuda a sistematizar o desafio ao convencional.

Mantenha-se aberto ao *feedback* externo: esteja disposto a ouvir o *feedback* de clientes, parceiros e outras partes externas interessadas. Eles podem oferecer perspectivas valiosas que desafiam as práticas convencionais.

Desafiar o convencional é um componente fundamental da inovação e do progresso. Ao criar uma cultura que encoraja a inovação, a criatividade e a disposição para questionar, sua organização pode se tornar mais adaptável e eficaz na busca por soluções inovadoras e no enfrentamento de desafios complexos.

Um exemplo de organização que desafia o convencional e promove a inovação de forma consistente é a SpaceX, empresa de exploração espacial. Aqui estão algumas maneiras pelas quais a SpaceX desafia o convencional:

- **Reutilização de foguetes:** a SpaceX é pioneira na reutilização de foguetes, algo que anteriormente era considerado impraticável. Ao desenvolver o Falcon 9 e o Falcon Heavy, a empresa conseguiu pousar e reaproveitar a primeira etapa dos foguetes, reduzindo drasticamente os custos de lançamento espacial.
- **Marte como destino:** a SpaceX tem a meta audaciosa de tornar a exploração humana de Marte uma realidade. A

empresa está trabalhando no desenvolvimento do sistema Starship para viagens interplanetárias, desafiando a maneira tradicional de pensar sobre viagens espaciais tripuladas.

- **Competição na indústria espacial:** a SpaceX entrou na indústria espacial dominada por empresas tradicionais e lançou um forte desafio à supremacia de suas concorrentes. Ela conseguiu competir em termos de custos e inovação, ganhando contratos da Nasa e de várias outras organizações.
- **Desenvolvimento de tecnologia avançada:** a SpaceX investe em tecnologias de ponta, como propulsão de foguetes reutilizáveis, fabricação de alta eficiência e automação avançada, para criar foguetes e espaçonaves mais eficientes e econômicos.
- **Abordagem iterativa:** a empresa adota uma abordagem iterativa e experimental no desenvolvimento de tecnologia. Eles não têm medo de tentar e falhar, aprendendo com os erros e ajustando suas estratégias conforme necessário.
- **Acesso ao espaço acessível:** a SpaceX reduziu significativamente os custos de lançamento espacial, tornando a chegada ao espaço mais acessível para uma variedade de missões, incluindo lançamento de satélites, missões científicas e comerciais.

A SpaceX é um exemplo de empresa que desafiou o convencional na indústria espacial, buscando inovações tecnológicas e novas abordagens para a exploração espacial. Sua disposição para assumir riscos e sua visão ambiciosa de possibilitar a exploração interplanetária demonstram como a inovação radical pode impulsionar a mudança em um setor altamente tradicional.

6. Conexão com o futuro

Quando ressalto a importância de se ter habilidade pessoal para facilitar mudanças, refiro-me à necessidade de o profissional ser uma pessoa um pouco mais visionária. Nesse sentido, é fundamental manter o olhar direcionado para o futuro.

Projetar o futuro é um exercício bastante desafiador, especialmente quando se trata de um horizonte de mais de cinco anos, em razão da rápida evolução da tecnologia e da dinâmica social.

Mas encorajo você a nunca deixar de olhar para a frente. Seguem aqui algumas tendências que podem ter um impacto significativo nas próximas décadas.

Inteligência artificial e automação avançada: a IA continuará a se desenvolver, afetando uma ampla gama de setores, desde a saúde até a manufatura e os serviços financeiros. A automação avançada poderá substituir muitos empregos, mas também criar oportunidades.

Sustentabilidade e mudanças climáticas: a conscientização sobre as mudanças climáticas e a necessidade de ações sustentáveis deverá crescer. A transição para fontes de energia renovável e práticas ambientalmente conscientes se tornarão ainda mais cruciais.

Saúde e medicina personalizada: a medicina continuará a avançar focando a personalização dos tratamentos com base em genômica e dados de saúde. A expectativa de vida poderá aumentar à medida que novas terapias e tecnologias surjam nessa área.

Mobilidade sustentável: a mobilidade urbana deverá se tornar mais eficiente e sustentável, com a popularização de veículos elétricos, transporte público aprimorado e soluções de compartilhamento de transporte.

Tecnologia de energia: novas tecnologias de armazenamento e fontes geradoras avançadas poderão revolucionar a forma como produzimos, armazenamos e utilizamos energia.

Realidade virtual e realidade aumentada: a RV e a RA poderão transformar a maneira como interagimos com o mundo digital, desde a educação até o entretenimento e o trabalho remoto.

Blockchain e criptomoedas: essas tecnologias poderão alterar a forma como lidamos com transações financeiras, contratos inteligentes e até mesmo governança.

Exploração espacial: a exploração espacial comercial deverá se expandir, com missões tripuladas a Marte e além, afora uma crescente presença de empresas privadas no espaço.

Biotecnologia e edição de genes: os avanços na biotecnologia e na edição de genes deverão revolucionar a medicina, a agricultura e a vida humana de maneiras inimagináveis.

Envelhecimento da população: muitas sociedades enfrentarão o desafio do envelhecimento da população, o que poderá criar oportunidades para inovações em assistência médica, tecnologia assistiva e bem-estar na terceira idade.

Descentralização e colaboração global: a descentralização poderá se tornar mais comum, com a colaboração global em questões como governança, resolução de problemas e produção de conhecimento.

Lembre-se de que essas são apenas algumas tendências potenciais, e que o futuro é incerto. Muitos fatores, incluindo eventos imprevisíveis e mudanças abruptas, poderão influenciar o curso dos próximos cinquenta anos, positiva e negativamente. No entanto, essas tendências destacam áreas de interesse e desenvolvimento que podem moldar o mundo nas décadas vindouras.

Futuristas

Muitos visionários se destacaram desde as primeiras décadas do século 20, antecipando tendências e inovações que eventualmente moldaram o mundo atual. Entre esses futuristas estão:

▶ Arthur C. Clarke (1917-2008)

Autor de ficção científica britânico, Arthur C. Clarke é conhecido por suas previsões precisas sobre a comunicação via satélite e a exploração espacial. Foi um dos primeiros a conceber a ideia de satélites de comunicação geoestacionários.

▶ Isaac Asimov (1920-1992)

Outro notável autor de ficção científica, Isaac Asimov previu em suas histórias o uso generalizado de computadores pessoais e a internet. Também escreveu sobre automação e inteligência artificial.

▶ Buckminster Fuller (1895-1983)

Arquiteto e designer, Buckminster Fuller é conhecido por popularizar o conceito de "geodésica" – uma estrutura esférica leve – e por suas ideias sobre design sustentável. Ele antecipou a necessidade de abordar os problemas ambientais muito antes de se tornarem questões globais.

▶ Jacque Fresco (1916-2017)

Futurista e designer social, Fresco desenvolveu o "The Venus Project", propondo uma sociedade baseada na automação avançada e no uso eficiente dos recursos naturais. Ele antecipou conceitos relacionados à sustentabilidade e à mudança na economia global.

▶ Alvin Toffler (1928-2016)

Conhecido por seu livro O *choque do futuro*, publicado em 1970, em que explorou as mudanças rápidas na sociedade e na tecnologia, além de suas implicações, Alvin Toffler antecipou o impacto da aceleração tecnológica na vida das pessoas.

▶ Ray Kurzweil (1948-)

Futurista contemporâneo, Kurzweil tem feito previsões sobre avanços tecnológicos, incluindo a singularidade tecnológica, a fusão de humanos e máquinas e o desenvolvimento de inteligências artificiais avançadas. É conhecido por sua assertividade em prever avanços na área de tecnologia.

Inspire-se nos futuristas e conecte-se com o futuro. Dessa forma, o espírito da mudança morará dentro de você.

OUTROS LIVROS DO AUTOR

Adquira pelo site da editora, www.editoramerope.com.br ou pela Amazon, www.amazon.com.br

Louis Burlamaqui, com seu time de consultores e facilitadores, conduzem workshops e seminários sobre gerenciamento de mudanças. Por meio de jogos, dinâmicas e atividades práticas, estimulam o engajamento e facilitam o aprimoramento da performance individual e coletiva.

Mais de 2 mil pessoas, em mais de 300 empresas no Brasil, já passaram por seus workshops de gestão de mudanças.

Para saber mais sobre palestras, seminários e treinamentos, contate:
atendimento@jazzer.com.br

Para saber mais sobre as empresas do autor e outros serviços oferecidos:
www.louisburlamaqui.com.br
www.jazzer.com.br
www.taigeta.com.br

TIPOLOGIA:	Lora [texto]
	Rubik [entretítulos]
PAPEL:	Off-white 80g/m² [miolo]
	Cartão 250 g/m² [capa]
IMPRESSÃO:	Formato Artes Gráficas [julho de 2024]